Erstveröffentlichung 2018

ISBN 978-3-906318-24-0

Herstellung BoD – Books on Demand, Norderstedt

Printed in Germany.

integralmovement.info | fragment8.com

Martin Schmid

Umi

Die Meditation
der Hoffnung

Teil I Einführung S. 5
Teil II Anleitung S. 43
Teil III Einstimmungen S. 63

Teil I

Einführung

Ein Einstieg

Ich öffne mich der Möglichkeit, dass ich in Beziehung bin.

Sich in Beziehung setzen und in Beziehung sitzen. Sich niederlassen im Bezogen-Sein. Sich einnisten.
Einbetten.

An einem mir lieben Ort oder in der Gegenwart eines mir lieben Menschen fühle ich mich geborgen, aufgehoben, zugehörig. Ich kann entspannen. Ich kann sein. Alles wird klar, denn die Wirrungen lösen sich auf in der ursprünglichen Klarheit des Herzens.

Ich muss mich dazu nicht konzentrieren. Ich muss nicht Achtsamkeit üben. Bedingungen erfüllen. Kompetenzen entwickeln. Ich lasse mich einfach darauf ein. Ich lasse mich sein.

Wenn ich den Ort oder den Menschen verlasse, nehme ich etwas mit. Ich bin ein anderer Mensch.

Sich in Beziehung setzen und in Beziehung sein. Das Natürlichste der Welt. Wir sind nicht isolierte Wesen. Wir sind Mitmenschen in einer Mitwelt.
In Umi widmen wir uns dieser Natürlichkeit. Wir sind eine Weile nur das, was wir tatsächlich sind. Das, was in der Regel vergessen geht. Wir erinnern uns.
Umi geht ohne Umschweife und Ablenkungen auf das Miteinander ein und darin auf. Das ist die Praxis. Praxis ist bereits ein sehr großes Wort für dieses Widmen.

Hoffnung

»Hoffnung ist die Fähigkeit, mit den kleinen, feinen, stillen Dingen in Beziehung zu treten. An den Anfängen teilzuhaben.« (aus: Lucas Martainn, Pionéa – Loop)

Umi kultiviert Hoffnung im Sinn dieses Zitats, denn es vernetzt uns und öffnet die Wahrnehmung.
Da wir erfahren, dass wir in ein Ganzes hinein lassen und loslassen können, kann Gelassenheit in uns einziehen.
In dieser Gelassenheit erblüht die Hoffnung. Aus dieser Gelassenheit entfaltet sich die Hoffnung ins Leben.

Um zu zeigen, was Umi ausmacht, muss ich kurz etwas ausholen. Ich bin mir bewusst, dass Umi so ziemlich alles, was Meditation definiert, fahren lässt. Dabei sieht Umi von außen so sehr nach Meditation aus. Lassen Sie sich davon weder abschrecken noch umhauen, vor allem, wenn Ihnen Meditation lieb und teuer ist. Das ist sie mir auch. Es zeigt nur, wie grundlegend anders Umi ist.

Alles, was Sie bereits über Meditation wissen, können Sie vergessen. Jedenfalls, wenn Sie sich Umi widmen.

Schön, nicht?

Darum: Willkommen in einer neuen Welt.

Die Zusammenfassung zu Beginn

Beginnen wir mit einer dekonstruierenden Zusammenfassung, um dann die einzelnen Punkte etwas genauer zu beleuchten.

- Kein Objekt, kein Zeuge, kein Fokus, keine Vorstellung, keine Selbst-Beschäftigung: Umi ist keine gängige Form der Meditation.
- Umi hat keinen Überbau, fußt nicht auf Metaphysik, ist nicht religiös verknüpft oder eingefärbt.
- Umi ist ein offener Prozess.
- Sammlung ist nicht der erste Schritt (sonst wäre auch der Prozess nicht offen). Die Sammlung geschieht durch das Sich-in-Beziehung-Setzen, beziehungsweise Beziehung und Sammlung verstärken sich gegenseitig. Achtsamkeit und Aufmerksamkeit sind darum keine zentralen Begriffe.
- Sich in Beziehung setzen braucht kein Ausdehnen.

Es ist alles da.

- Der zentrale Begriff ist empfinden. Jedoch ist er nicht so zentral, dass er zur neuen Selbst-Beschäftigung wird. Wir haben nicht ein Wahrnehmungs-Feld, sondern ein Empfindungs-Feld.
- Es geht nicht um Erleuchtung, Befreiung, Erwachen. Sie widmen sich einfach dem Bezogen-Sein, so wie Sie sich einem Menschen widmen, wenn Sie in ihm den Menschen sehen und nicht ein Objekt.
- Es geht bei Umi nicht um Bewusstsein (consciousness), sondern um Mitwissen (conscience).
- Es geht nicht darum, die Beziehung wahrzunehmen, sondern die Beziehung nimmt wahr.
- Umi müssen Sie nicht lernen. Sie widmen sich, das reicht. Lernen heißt verändern. In diesem Sinn werden Sie lernen, denn Sie werden sich verändern.
- Erfolg und Misserfolg sind Begriffe, die in dieser Praxis keine Bedeutung haben.
- Kurzzeitwirkungen sind irrelevant, weil sie Stim-

mungsschwankungen sind. Die Langzeitwirkung ist wichtig, denn sie ist eine relativ dauerhafte strukturelle Veränderung.

- Interpretation braucht es nicht. Denn Sie können nur Objekte interpretieren. Umi ist objektlos. Wenn Sie trotzdem etwas differenzieren und integrieren müssen, suchen Sie den Dialog.
- Wenn Sie jemand fragt, was Umi sei, ist «gegenstandslose Kontemplation» vielleicht ein guter Einstieg.

Meditation und Kontemplation

Unter Meditation verstehen wir Sammlung, Konzentration, vielleicht das Zählen des Atems. Obwohl Umi fast alles ist, was diese Form der Meditation nicht ist, können wir Umi als Form der Meditation bezeichnen. Meditation ist ein weit gefächerter, großer Begriff. Manchmal wird Kontemplation damit gleichgesetzt, manchmal davon unterschieden. Sie können sich vorstellen, dass Autoren und Autorinnen durch die Jahrtausende und in verschiedensten Kulturen die Begriffe so benutzt haben, wie sie am dienlichsten waren.

Meditation ist im Grunde Selbst-Beschäftigung. Selbst dann, wenn früher oder später das Selbst überstiegen wird oder die scheinbaren Grenzen, welche das Selbst von Nicht-Selbsten abgrenzen, verschwimmen oder verschwinden. Und es ist eine Beschäftigung, selbst dann, wenn wir nichts tun.

Kontemplation hingegen wird gerne verwendet, um eine

Meditationsform zu beschreiben, die sich in Beziehung setzt zu etwas Anderem. Sei dies eine Gottheit im tibetischen Buddhismus, sei dies eine Form wie ein Mandala oder Yantra, oder sei dies im Christentum Gott, der Heilige Geist oder der Sohn.

Ohne Meta, ohne Reduktion, aber mit Mythos

Umi ist demzufolge eher der Kontemplation zuzuordnen, doch gibt es hier kein metaphysisches, religiöses, theologisches oder philosophisches Gebäude, in welches wir uns zuerst begeben müssen. Umi findet draußen statt. Sozusagen. Außerhalb von einem metaphysischen Kontext. Wir setzen uns nicht zu *etwas* in Beziehung, sondern setzen uns einfach in Beziehung, in den Beziehungs-Modus.
Keine Metaphysik, keine Religion und keine Philosophie, dazu kein Objekt. Das sind bereits zentrale Unter-

scheidungspunkte zu anderen Meditations- und Kontemplationsformen. Die Tatsache, dass Umi all dies nicht voraussetzt, macht es nicht einfach säkular und reduziert Meditation nicht auf Neuronen-Aktivität. Denn Umi setzt diese Aspekte nicht voraus, negiert sie aber auch nicht.

Umi funktionalisiert auch nicht spirituelle Konzepte, wie etwa die moderne Mindfulness-Bewegung die Achtsamkeit funktionalisiert und reduziert. Umi ist eine spirituelle Übung und kann auch in einem religiösen Rahmen geschehen, ist jedoch selbst nicht mit Religion verbunden.

Hat Umi denn überhaupt eine Grundlage? Ja, einen Mythos. Ein Mythos ist eine Geschichte, die sich in jedem Moment entfaltet. Ein Mythos ist also mehr als eine Geschichte. Ein Mythos treibt Handlungen an. Er muss in die Tat umgesetzt werden, verkörpert werden. Er ist buchstäblich eine Entfaltung von Handlungen. Umi ist Handeln? Ja. Der aktivere Teil von Umi ist so einfach wie der sitzende Teil. Die Geisteshaltung beim Sitzen lautet: Sitze, als ob alles verbunden wäre. Und wenn wir nicht sitzen? Handle so, als ob alles verbunden wäre.

Was ist also der Umi-Mythos? Wir finden ihn überall: Nichts ist getrennt. Nichts existiert isoliert.
Dazu später mehr.

Ohne Aufmerksamkeit

Obwohl Umi ein Wort als Werkzeug nutzt, ist es nicht eine Mantra-Meditation, bei welcher ein Wort oder Klang selbst meditiert wird. Umi unterscheidet sich auch deutlich vom Herzensgebet der orthodoxen Kirche, bei welcher ein Wort oder ein kurzer Satz andauernd wiederholt wird, um den Geist zu sammeln und im Herzen zu verankern.
In diesen und weiteren Formen ist die Sammlung ein

zentraler Punkt. Meditierende zählen den Atem oder fokussieren auf ein Objekt, um den Geist zu sammeln. Achtsamkeit und Aufmerksamkeit sind erste Schritte in der Meditation.

Der erste Schritt des Umi ist nicht die Sammlung, sondern das Bereits-in-Beziehung-Sein. Hier zeigt sich die Nähe zu Centering Prayer, einer christlichen Form der Kontemplation, die ebenfalls nicht mit Aufmerksamkeit (attention) arbeitet, sondern mit Intention, also einer inneren Ausrichtung. Während der christliche Kontext die Methode wunderbar begründet und verankert, mag er für viele auch ein Hinderungsgrund sein, sich dem Centering Prayer zu widmen.

Umi hat nicht nur kein metaphysisches oder religiöses System im Hintergrund, sondern geht noch einen Schritt weiter als Centering Prayer. Wir richten uns nicht aus, sondern setzen uns von Anbeginn an in die Beziehung, oder, um einen anderen Begriff zu gebrauchen, in das Bezogen-Sein. Alles, was Sie dazu brauchen, ist, sich der Möglichkeit zu öffnen, dass Sie kein isoliertes Wesen sind. Diese Möglichkeit wird von den Wissenschaften aus allen Gebieten ebenso zur Tatsache erklärt, wie es die Mystikerinnen und Mystiker aus allen Zeiten und Gebieten der Welt tun. Sich mit diesen Einsichten zu beschäftigen, ist eine förderliche Sache, doch ohne den gefühlten Sinn bleiben das alles Theorien, welche die Zartheit Ihres Menschseins nicht berühren. Zugleich ist diese Beschäftigung eine Selbst-Beschäftigung, die vor allem den diskursiven Geist nährt. Darum lassen wir solche Beschäftigungen zumindest während der kurzen Übungspraxis sein. Umi fördert die direkte, unmittelbare Erfahrung. Diesen gefühlten Sinn.

Ohne Entfremdung, ohne Befreiung, ohne Mission

Die Weltreligionen gehen alle von einer Entfremdung aus. Der Mensch entfremdet sich im Inkarnationsprozess. Im Christentum ist dies die «Ur-Sünde», im Buddhismus die Ursache des Leidens. Die großen Befreiungs-Systeme mit ihren Meditations-Methoden, die daraus resultieren, binden zurück («religio») an den Ursprung. Auch «Yoga» bedeutet zusammenbinden, verbinden, integrieren. Es wird dabei zusammengebündelt, was gescheitert, also zerstückelt war.

Umi geht direkt auf das Wesen: Wir sind Mitmenschen. Wir sind nicht isolierte Wesen, basta. So lassen wir in Umi alle Einsichten und Erleuchtungen und Befreiungen sein. Und dies ist ein weiterer Unterschied zu vielen Meditationssystemen. Es geht nicht um Erleuchtung, Befreiung, Erwachen. Sie widmen sich zweimal täglich dem Bezogen-Sein, dem Vernetzt-Sein, so wie Sie eine bereits vorhandene Pflanze gießen. Diese Widmung wird ihren Weg in Ihr Leben finden und Sie und das Leben von innen her neu gestalten.

Ohne Eingebung, ohne Vision

Wir suchen keine Eingebungen. Wir schalten nicht auf Empfang, um Botschaften zu erhalten. So würden wir bereits wieder dreierlei Objekte kreieren. Ein Gegenüber, eine Botschaft, und uns als Empfänger. Wir setzen uns einfach in Beziehung und sitzen in Beziehung.

Eingebungen und Einsichten sind in Umi natürlich nicht ausgeschlossen. Nichts ist ausgeschlossen. Doch Eingebungen und Einsichten sind Ereignisse in der Zeit, sind Geschehnisse und eigentlich Verben. Der Akt des Einsehens geschieht jetzt, doch sobald Sie daran festhalten, wird die Erfahrung zum Objekt, das Verb zum Nomen, die Einsicht zur Ansicht. Lassen Sie alle Annehmlichkeiten und Unannehmlichkeiten einfach sein. Nehmen Sie sich auch kein Notizheft zur Seite, um Einsichten zu notieren. Das ist alles Selbst-Beschäftigung und ist damit zu vergleichen, wenn im Alltag eine Person mit Ihnen spricht, gleichzeitig aber noch mit jemandem

oder mehreren Personen über einen Bildschirm kommuniziert. Die Praxis des Umi ist ungeteilt.
Zudem sind alle Arten von Übermittlungen keine Übermittlungen. Sie sind Teil des Ganzen, von dem wir auch Teil sind. Wobei «Teil» ein zu trennendes Wort ist.

Ohne Objekt, ohne Ausdehnung

Ein weiterer wesentlicher Unterschied ist das Objekt. Meditation hat oft ein Objekt zur Grundlage. «Objekt» ist weit gefasst. Der Atem kann das Meditations-Objekt sein, ein Mantra, ein Punkt vor dem Meditationskissen, die Geist-Aktivität an sich, und so weiter. Auch die meisten Kontemplationsformen haben ein Objekt. Man kontempliert dieses oder jenes oder hat ein inneres Wort zur Sammlung. Man bewegt etwas im Herzen. Umi hat kein Objekt. Es ist eine gegenstandslose Kontemplation, was etwas paradox ist, wenn man bedenkt, dass «contemplari» betrachten bedeutet und man etwas betrachtet, wenn man betrachtet. Man könnte höchstens von einer reinen Betrachtung sprechen. «In Betrachtung sein», so wie «in Beziehung setzen».

Doch wenn Sie jemand fragt, was Umi sei, ist «gegenstandslose Kontemplation» ein netter Ausdruck.

«Ist das dasselbe wie das gegenstandslose Bewusstsein im Buddhismus?», käme dann vielleicht die Frage. Nein, denn Bewusstsein und Kontemplation sind nicht dasselbe. Wäre die Antwort.

Ein Stolperstein ist, Umi mit einem Objekt praktizieren zu wollen. Mit einem Gegenüber, mit dem man in Beziehung tritt. Doch das ist nicht der Fall. Kein Objekt, keine Betrachtung, kein Zeuge, kein Fokus, keine Vorstellung, keine Übermittlung, keine Selbst-Beschäftigung.

Da es kein Objekt gibt – auch die Beziehung selbst ist kein Objekt – müssen wir nicht ausdehnen, um in Beziehung zu sein. Wir sind bereits Beziehung, bezogen, einbezogen.

Ohne Selbst-Beschäftigungen

Selbst-Beschäftigungen sind Gedanken, die Sie verfolgen (wie auch immer Sie das jetzt verstehen, die Gedanken verfolgen Sie oder Sie die Gedanken), Träumereien, Fantasien, Wünsche, Pläne, Urteile, eine innere Unruhe, innere Ekstase. Wiederkehrende Phänomene dieser Art sind immer mit einem Empfinden verbunden, einem angenehmen oder einem unangenehmen. In gewissen Meditations-Formen distanziert man sich von Empfindungen, um die Identifikation damit loszulassen. In anderen würde man diesem Empfinden nun auf den Grund gehen, indem man ganz darin eintaucht. Wir gehen auf einen anderen Grund, beziehungsweise dem noch tieferen Grund, der oftmals diesen tieferen Gründen zu Grunde liegt: dem Bezogen-Sein, beziehungsweise dem Vermissen dieses Bezogen-Seins.

In der Meditation schweift man ab und kommt zu sich selbst zurück. Dabei hilft zum Beispiel die Konzentration auf den Atem. In Umi nehme ich mich aus der Beziehung, wenn ich mich in mich selbst zurückziehe. Was wir aus der Perspektive der Meditation ein Zurückkommen zum Atem, Sammlung und Konzentration nennen, ist aus der Perspektive von Umi ein Rückzug ins Selbst. Selbst wenn man damit früher oder später das Selbst ins Transpersonale übersteigt, Grenzen als illusorisch erkennt und verbindendes Mitgefühl entwickelt und zum Bodhisattva wird, so ist Meditation doch im Bereich des Selbst angesiedelt, nicht im Wir, nicht im Beziehungs-Sein, und daher aus der Perspektive von Umi ein Rückzug.

Was wir aus der Perspektive der Meditation Abschweifen nennen, ist aus der Perspektive von Umi ein Rückzug ins Selbst.

In der Meditation kann man zu Beginn zersplittert sein oder einen Sog weg vom Hier verspüren, man kommt gar nicht zur Sammlung. Wieder ist dann der erste Schritt die Konzentration. Man sammelt sich immer öfter, umfassender und länger. In Umi können wir zersplittert sein und trotzdem in Beziehung sein. Das ist einer der springenden Punkte, warum es sich lohnt, Umi zu erleben. Man muss nicht zuerst dieses oder jenes.

Ohne Zeugen, ohne Beobachtung, aber mit Empfinden

Ein wesentlicher Aspekt ist das Empfinden. Wieder finden wir hier einen Unterschied zu vielen Meditations-Methoden. Dort geht es darum, die andere Seite der Medaille, von welcher empfinden die eine Seite ist, zu kultivieren: das Beobachten, oder noch genauer, den Beobachter oder Zeugen, der möglichst distanziert und teilnahmslos ist. Wir haben in Umi nicht ein Wahrnehmungs-Feld, sondern ein Empfindungs-Feld. Was wir auch nicht machen, ist über das Empfinden zu meditieren. In diesem Fall wäre das Empfinden das Objekt. Umi funktioniert ohne Objekt. Und da es kein Objekt

gibt, braucht es keinen Beobachter.
In Umi geht es darum, Empfindungen zuzulassen, ohne dass sie zur Selbst-Beschäftigung werden. Denn natürlich hat dieses In-Beziehung-Sein Empfindungsqualitäten, ja, es zeichnet sich durch bestimmte Empfindungsqualitäten aus. Wenn ich mich aber in meine Empfindungen zurückziehe, trete ich wieder aus der Beziehung heraus, und damit aus dem kontinuierlichen Empfindungsstrom, der diese Beziehung hervorruft. Die Empfindung wird nie Selbstzweck. In Umi widmen wir uns nicht, um gewisse Empfindungen zu haben. Sonst benutzen wir ja letztendlich nur eine Beziehung, um uns wohl zu fühlen.
Die Empfindungen sind nicht das Ziel und nicht der Zweck und nicht der Sinn. Sie werden das In-Beziehung-Sitzen empfinden, und eventuell können Sie das Empfinden in Worte fassen, eventuell auch nicht. Oftmals besteht auch gar kein Anlass, es in Worte zu fassen. Ich rate Ihnen, Erfahrungsfülle nicht zu reduzieren,

nur weil Sie meinen, Worte dafür finden zu müssen.
Das Empfinden ist wichtig, doch nicht so wichtig, dass es zum Selbst-Zweck wird, sonst haben wir sie wieder, die Selbst-Beschäftigung. Zudem können Empfindungen durch Selbst-Beschäftigung – durch Gedanken, Ansichten, Konzepte und so weiter – ausgelöst werden.
Empfindungen sind körperlich. Umi ist eine körperliche Praxis, selbst wenn sie nur im Sitzen geschieht. Eine subtile körperliche Praxis. Der Körper ist ein differenziertes Empfindungsorgan. Tendenziell werden Sie Empfindungen im oberen Herzraum spüren. Doch engen Sie durch eine solche Aussage ihr Empfindungsspektrum nicht mit Vorstellungen ein.
Durch die Praxis geförderte Empfindungsqualitäten können wir vielleicht mit Worthülsen wie Verbundenheit, Genährt-Werden, Zugehörigkeit, Gemeinsamkeit, Gemeinschaft oder Liebe umschreiben. Worthülsen deshalb, weil sie entweder einen wahren Kern enthalten, aber nicht viel aussagen, oder leer sind und so tun,

als würden sie viel aussagen. Doch die eben genannten Worte sind keine Empfindungen. Mögliche Empfindungen sind etwa *warm, weich, weit, rein, heiter, rund, fein, voll, ganz, berührt, leer, eng, still, entspannt, angespannt, offen, verschlossen, klar, dumpf, erfrischt, tief, friedlich, unruhig, ruhig, befreit, bewegt, aufgeregt, erregt, strahlend, energielos, energiegeladen, enthusiastisch, inspiriert, genervt, zersplittert, vernetzt, verbunden, eingebettet, dynamisch, vibrierend, zentriert, gesammelt, durchlässig*, um nur einige zu nennen.

Das alles sind Möglichkeiten. Niemand sagt, Sie müssten diese Qualitäten empfinden. Denn es geht in Umi nicht um das Empfinden, sonst haben wir ein Objekt im Selbst. Alle positiv kategorisierten Empfindungen zeigen sich zudem oftmals zuerst in ihrer Un-Qualität. Ruhe als Unruhe, Frieden als Un-Frieden, Tiefe als Un-Tiefe, Stille als innerer Lärm. Kategorisierungen können nur auf Grund von Objekten geschehen, darum lassen wir sie in der Praxis sein – und möglichst auch

nachher.
Umi ist ein offener Prozess. Darum mache ich weder Voraussagungen noch Versprechungen. Es geht nur darum, Sie auf die Offenheit des Prozesses hinzuweisen.

Ohne Vorstellungen

Es geht nicht um Aufmerksamkeit und nicht um Achtsamkeit. Es geht um ein Sein in Beziehung. Dieses müssen wir nicht herstellen. Wir müssen es einfach nicht verhindern. Wir verhindern es mit Vorstellungen. Die Vorstellung etwa, mit wem wir in Beziehung treten sollen, beziehungsweise wer oder was da wohl mit uns in Beziehung tritt. Ein Vorstellungs-Labyrinth sondergleichen. Von Gott, Göttern und Gaia über Heilige und Jesus bis zu Dämonen und Geistern, wir können uns unendlich lange mit solchen Vorstellungen und den daraus resultierenden Freuden und Ängsten unterhalten.

Ebenso wenig warten wir auf Eingebungen und Visionen. Damit beschäftigen wir uns nur mit uns selbst und sitzen nicht in Beziehung, sondern befassen uns mit Objekten. Das tun wir also: die Selbst-Beschäftigung loslassen. Die Selbst-Beschäftigung genannt Meditation, die Selbst-Unterhaltung genannt Eingebung, Einsicht, Vision oder wie auch immer.

Ohne Kompliziertheiten, aber ganz genau

Eine minutiöse Anleitung, wie wir uns in Beziehung setzen und in Beziehung sitzen, wäre etwa wie eine genaue Anleitung zum Atmen. Wir atmen bereits und der Atem weiß, wie er atmen muss, wenn man seiner natürlichen Gestalt nicht im Weg steht (was man im unkultivierten Büro-Zustand natürlich tut). Wir müssen nur lernen, der natürlichen Ausgestaltung nicht im Weg zu stehen. Indem wir lassen, was wir nicht sind. Sich einlassen durch sein lassen.

Die Anleitung ist trotzdem ganz genau:

- *Setzen Sie sich in Beziehung.*
- *Sitzen Sie in Beziehung.*
- *Wann immer Sie sich ertappen, dass Sie sich in Ihr Selbst zurückziehen, sprechen Sie innerlich Ihr Wort und gehen Sie sanft wieder in das Bezogen-Sein.*

Lassen Sie mich nochmals betonen: Umi ist keine Achtsamkeits-Meditation. Wir brauchen eine Präsenz, denn ohne Da-Sein kein Ja-Sein, keine Beziehung. Doch die Präsenz ist nicht Selbstzweck, nicht Mittel zur Befreiung und sie ist auch nicht der Anfangs- oder Mittelpunkt. In Meditations-Systemen lernt man zuerst das Sammeln. Doch die Beziehung beginnt nicht mit der Meditation. Je mehr wir die Erfahrung des In-Beziehung-Seins machen, desto präsenter sind wir.

Wir «praktizieren nicht Umi». Wir widmen uns. Wir widmen uns nicht Umi. Wir widmen uns. Wenn man davon spricht oder darüber schreibt, spricht man von Umi.

Ohne Lernprozesse, Leistung und Meisterschaften

Sie müssen Umi nicht lernen. (Sonst ist Umi ein Objekt.) Sie widmen sich. Man wird nicht immer besser darin, aber die Wirkung vertieft sich. Das ist ein wesentlicher Unterschied. Es geht nicht um Leistung, es geht um eine Langzeit-Wirkung. Umi ist nicht ein Tun, sondern ein Sein.

Wenn lernen Veränderung bedeutet, werden Sie etwas lernen, denn es wird sich etwas verändern. Sie werden sich verändern. Es geschieht eine grundlegende Neukonfiguration Ihres Seins. Es geschieht eine Verschiebung Ihres Modus Operandi, in Ihrem Produktionsvorgang eines Weltbildes, im Betriebssystem, in welchem

Sie funktionieren.
Aber es gibt keine Technik, keine Tricks, keine anderen Hilfsmittel. Umi ist so einfach wie nur möglich.

Ohne Stufen des Bewusstseins

Langzeit-Wirkung wird in Meditationssystemen in Stufen des Bewusstseins gemessen. Personal, Transpersonal, solche Stufen. Im Kontext von Umi müssten wir sie als Stufen des Bezogen-Seins oder des Eingebettet-Seins messen. Denn wenn wir uns in Beziehung setzen, betten wir uns ein.
Ein Ausdruck von Beziehung ist Resonanz. Mit jeder «Stufe» wird das Resonanz-Potenzial größer, beziehungsweise die Resonanz deutlicher. Die Wahrnehmung nimmt aus dieser Resonanz heraus wahr, nicht aus einer abgesonderten Beobachter-Position.
Ein weiterer Aspekt ist, dass man sagen kann, in Umi

geht es nicht wirklich um Bewusstsein.
Ein Affront! Es geht doch immer ums Bewusstsein!
Wenn wir jetzt weitermachen können: Auf Englisch könnte man schön sagen, dass es nicht so sehr um das Bewusstsein (consciousness) geht, sondern um Gewissen (conscience). Gewissen mag vor allem mit «schlechtem Gewissen» verknüpft und daher negativ eingefärbt sein. Das ist nicht die Meinung. Aus dem Lateinischen «conscientia» können wir eine bessere Bedeutung finden: ein Mitwissen, oder ein Zusammen-Wissen, oder ein gemeinsames Wissen.
Lesen Sie «science» als englisches Wort, haben wir die Wissenschaft. Wissenschaft schafft Wissen aus der Beobachterperspektive. Umi schafft ein Zusammen-Wissen aus dem Beziehungs-Sein. Ein intimes Wissen.
Es geht nicht darum, die Beziehung wahrzunehmen, sondern die Beziehung nimmt wahr. Wobei Beziehung kein Objekt ist, sondern ein Verb.
Das griechische Wort für conscientia ist «syneidesis».

Die Silbe «syn» (auch «sym») heißt, Sie ahnen es vielleicht bereits: mit, zusammen, gemeinsam. Wir finden es in Wörtern wie synchron, Synchronizität, Synergie, Synthese, Symposium, Symphonie, Symbiose, Sympathie. Somit sind wir wieder bei der Wahrnehmung aus einem Resonanz-Raum heraus. Die Resonanz ist das Wahrnehmungs-Organ.

Ohne Erfolg und Misserfolg, aber mit Langzeitwirkung

Erfolg und Misserfolg sind Begriffe, die in dieser Praxis keine Bedeutung haben. Innerhalb der Praxis nicht, wenn Sie sich beim Rückzug ins Selbst ertappen. Kommen Sie sanft, also ohne Bewertungen und Urteile, zurück zum Sitzen in Beziehung.

Auch nach der Praxis haben Erfolg und Misserfolg keine Bedeutung. Sie müssen ihre Sitzung nicht bewerten. Beziehung ist nicht Verliebtsein, Ekstase ist nicht zwingend Beziehung. Sie haben Ihre Stimmungen und Schwankungen, manchmal spüren Sie das Bezogen-Sein, manchmal nicht. Zustände sind flüchtig. Wichtig ist, dass durch kontinuierliche Praxis eine integrierte Struktur entstehen kann, so wie durch eine kontinuierliche Bewegungs-Praxis eine integrierte Körperstruktur entstehen kann. Wie man sich nach einer einzelnen Sitzung fühlt, ist völlig irrelevant und sagt nichts über die integrierende Kraftentfaltung an sich aus. (Da eine Neugestaltung sowohl Dekonstruktion als auch Rekonstruktion bedeutet, und beides kann sich schmerzhaft oder befreiend anfühlen. Oder beides.)

Wenn wir also von Erfolgen sprechen wollen, dann müssen wir die Langzeitwirkung betrachten.

Doch das Thema Erfolg und Misserfolg führt noch tiefer, denn es sind Bewertungen.

Ohne Bewertungen

In Umi gibt es keine Bewertung, und darum macht es auch keinen Sinn, sich selbst in Bezug auf Umi zu bewerten. Es gibt keine Bewertungen, weil es kein Subjekt und kein Objekt gibt, sondern ein einzigartiges Miteinander, ein Netz.
Es geht also nicht um «man soll nicht werten» und andere pluralistische Selbst-Widersprüche. Die Wertung ist einfach nicht möglich.

Ohne Differenzierung

Schon wieder so ein Affront. Man kann die Erfahrung natürlich nachträglich differenzieren. Doch im Sitzen gibt es keine Subjekt-Objekt-Trennung. Keine Dichotomie, keine Zweiteilung. Was nicht getrennt ist, wird durch Differenzierung getrennt – oder kann nicht diffe-

renziert werden.
Wir sehen, wenn wir nicht im Zweigeteilten verbleiben (selbst wenn wir darin das Eine suchen), dann ist ganz viel gar nicht mehr möglich, was dem interpretierenden, getrennten Geist als absolut unabdingbar erscheint.

Ohne Interpretation

Es gibt in der Regel keinen Grund, Ihre Erfahrungen zu interpretieren. Außer den der Selbst-Beschäftigung natürlich. Aber erinnern wir uns: auch die Erfahrungen sind Objekte, nur der unmittelbare Akt des Erfahrens geschieht im Jetzt. Obwohl Umi eine Erfahrungs-Praxis ist, geht es nicht darum, «etwas» zu erfahren, denn dann hätten wir nur wieder ein Objekt kreiert. Es geht auch nicht darum, «Erfahrungen zu machen», denn sonst ist diese Idee bereits das neue Objekt. An dem wir dann den «Erfolg» messen würden, eine weitere Idee.

Wenn sich eine Interpretation tatsächlich aufdrängt, weil sonst ein unklares Handeln oder ein Zögern resultiert, dann muss sie durch differenzieren und integrieren ausgezeichnet sein. Differenzieren und integrieren Sie im Dialog mit einem geeigneten Partner/einer geeigneten Partnerin. (Hier kommen Stufen des Bewusstseins und damit des differenzierungs- und integrationsfähigen Geistes wieder ins Spiel. Ihr geeigneter Partner hat nicht nur die Erfahrung möglichst voller Resonanz, sondern auch ein möglichst entwickeltes Bewusstsein und ein fundiertes Interpretations-System. Falls Sie ein solcher Dialog-Partner sein möchten, haben Sie die Gelegenheit, Umi-Meditations-LeiterIn zu werden. Infos dazu im Anhang.)

Ohne Übertreibung

Es ist ein Paradox, sich zu isolieren, um sich in Beziehung zu setzen. Sie können also nicht wirklich ein Umi-Nerd werden, der sich so sehr seiner Umi-Praxis verschreibt, dass sein Umfeld darunter leidet.

Hindernisse auf dem Weg

Um sich im Rahmen von Umi zu widmen, müssen Sie nichts glauben. Der Glaube im Sinne von übernommenen Vorstellungen und Konzepten kann Ihnen sogar den Weg erschweren, weil Sie ihn zuerst freilegen müssen, wohingegen «glauben» im Sinn von in Beziehung sein oder sich offen einer Beziehung widmen natürlich durchaus förderlich sein kann.

In der Praxis wie im Leben können Zweifel aufkommen, Verzweiflung sogar, Müdigkeit, Resignation. Dies sind alles zutiefst menschliche Phänomene, ebenso wie Brüstungen des Ego durch «Erfolge» in der Praxis. Lassen Sie sich versichern: Sie sind nicht etwas Besonderes, weder im Positiven noch im Negativen. Natürlich haben Sie Ihre Potenziale. Aber alle haben Potenziale. Und Sie sind nicht auserwählt. Jedenfalls nicht auserwählter als alle anderen auch.

Da wir dies aus dem Weg geräumt haben: Alle diese Phänomene werden nicht durch Umi produziert, sondern bestenfalls deutlicher gemacht. An Ihrem Bezogen-Sein ändert das nichts. Sie sind nicht isoliert, selbst wenn Sie sich so wahrnehmen.

Die oben genannten Phänomene können zudem ein Hinweis darauf sein, dass sie im Tun sind. Dass sie versuchen. Sie müssen nichts produzieren, keine Beziehung herstellen. Sie müssen nicht suchen. Es ist alles da. Setzen Sie sich hin und lassen Sie die Suche sein.

Behalten Sie die Praxis bei und finden Sie den Dialog mit einem geeigneten Partner/einer geeigneten Partnerin.

Doch wahrscheinlich werden Sie einem viel weniger dramatischen Hindernis zuerst begegnen: der Müdigkeit oder Mattigkeit. Fühlen Sie sich oft matt, müde oder gar erschöpft, gibt Ihnen das einen Hinweis darauf, etwas an Ihren Ressourcen zu ändern. Vielleicht brauchen Sie mehr Schlaf, mehr Bewegung oder eine andere Ernährung. Versuchen Sie es mit dem Kürzel *LEBEN: Licht, Ernährung, Bewegung, Entspannung* (wozu auch der Schlaf gehört) und *Natur*.

Wie schon erwähnt sind Zerstreuung und Zersplitterung keine Hindernisse. So treten Sie halt zerstreut oder zersplittert in Beziehung. Treten Sie so in Beziehung, wie Sie sind. Die Chance ist real, dass die Beziehung Sie sammeln, einmitten, erden wird.

Teil II

Anleitung

1. Vorbereitung

Regelmäßigkeit

Umi braucht Zeit, so wie eine Lebens-Beziehung auch Zeit braucht. Manchmal ist es unmittelbar erfüllend, manchmal braucht es einen langen Atem. Plateau-Phasen, die einer Stagnation gleichen, sind ein wichtiger Teil der Dynamik der Entwicklung. Der Unwissende oder Halbherzige hört in diesen Phasen auf. Der Weise macht unbeirrt weiter. Darum ist Regelmäßigkeit ein wesentlicher Faktor. Entscheiden Sie sich und ziehen Sie die Sache durch.

Die Sitzhaltung

Ich halte es wie in den Yoga-Sutras nach Patanjali. Dort steht nur ein Satz zur Haltung, obwohl man ja gerade

in einer körperzentrierten Praxis mehr dazu erwarten würde: «Die Haltung soll stabil und bequem sein».
Finden Sie eine Haltung, die stabil ist, möglichst ohne Hilfsmittel. Hilfsmittel sind zum Beispiel ein Polstersessel oder eine Stuhllehne. Eine stabile Haltung ruht sich in sich selbst aus. Ob auf dem Boden, auf dem Meditationskissen, einer Meditationsbank oder auf einem Stuhl: Sitzen Sie aufrecht, aber entspannt. Die Entspannung wäre der bequeme Teil. Wenn Sie starr aufrecht sitzen, wird sich das schnell als Spannungen zeigen. Wenn Sie Entspannung mit Schlaffheit verwechseln, sacken Sie ein. Auch dies wird sich in Spannungsmustern zeigen, außerdem ist dann Ihre Empfindungsqualität eingeschränkt. Platzieren Sie beide Sitzbeinhöcker, die spürbaren Knochen im Gesäß, zu gleichen Teilen auf Ihrer Unterlage und finden Sie eine Haltung, in welcher die Wirbelsäule möglichst in sich ruht. Der Scheitel sehnt sich nach dem Himmel, die Wirbelsäule ist möglichst aufgerichtet.

Die Hände sind so, dass sie bequem sind. Vielleicht kennen Sie eine Handhaltung aus einem Meditations-System, vielleicht kennen Sie ein Mudra aus dem Yoga. Solche Haltungen sind wunderbar, solange sie nicht ein metaphysisches Gedankengut (und damit eine Selbst-Beschäftigung) entstehen lassen.

Die Augen

Die Augen sind geschlossen, es sei denn, Sie werden dadurch von Müdigkeit oder Mattigkeit überfallen oder Sie schwirren ab in Fantasien und Luftschlösser. In diesem Fall sind die Augen ganz leicht geöffnet, so dass Sie den Boden vor sich verschwommen sehen ohne zu schauen. Offene Augen sind wunderbar für Formen der Achtsamkeits-Meditation, zur Sammlung und zum Heraus-Arbeiten des Beobachters. Sie sind in Umi jedoch nicht förderlich.

Der Satz beim Setzen

Wortwörtlich und tatsächlich setzen Sie sich in Umi in Beziehung. Das Sich-Setzen ist eine Geste. Entscheiden Sie sich für einen der folgenden Sätze.

«Ich setze mich in Beziehung, indem ich mich der Möglichkeit öffne, dass ich Beziehung bin.»

«Ich setze mich in Beziehung, indem ich mich der Möglichkeit öffne, dass ich in Beziehung bin.»

«Ich setze mich in Beziehung, indem ich mich der Möglichkeit öffne, dass ich ein Beziehungs-Wesen bin.»

«Ich setze mich in Beziehung, indem ich mich der Möglichkeit öffne, dass ich kein isoliertes Wesen bin.»

«Ich setze mich in Beziehung»

Mit der Zeit kann sich die Resonanz auch auf einen anderen Satz verschieben.

Der Atem

Atmen Sie durch die Nase. Der Mund ist geschlossen. Atmen Sie sanft und natürlich, wobei die Betonung auf «natürlich» ist. Verlangsamen Sie den Atem nicht willentlich, und machen Sie auch sonst nichts willentlich mit ihm. Erstens wäre das eine Selbstbeschäftigung, und zweitens entspannt sich der Atem, wenn sich der Körper und der Geist entspannt. Dadurch wird er tiefer. Dadurch entspannen Sie mehr. Dadurch wird er sanfter ... Ein sich selbst verstärkender Feedback-Loop.

Das Wort

Sobald Sie merken, dass Sie aus der Beziehung heraus in die Selbst-Beschäftigung treten, ist es förderlich, ein inneres Wort zu haben, mit dem Sie sich zurück in die Beziehung bringen. Das Wort muss keine besondere Bedeutung oder «Ladung» haben. Es ist kein Mantra, das dauernd wiederholt wird, und es entfaltet keine Kraft in sich.

Finden Sie ein Wort, das Sie an Beziehung erinnert. Vielleicht ist es «Liebe», vielleicht ist es «Herz», vielleicht «öffnen», vielleicht ein ganz anders Wort. Sie können auch einen Namen wählen. Wenn Sie einen Namen einer Person (aus Ihrem Leben, geschichtlich oder mythologisch) wählen, achten Sie darauf, diese Person nicht zu Ihrem Meditations-Objekt zu machen.

Ich würde von abstrakten Worten ablassen, von Worten mit den Endungen -ung, -heit oder -keit. Wählen Sie zudem kein Wort, das den Eindruck machen könnte, dass

Sie damit Ihren Rückzug ins Selbst abwerten. Das Unbewusste hat da empfindliche Antennen.

Gehen Sie auch hier nicht auf eine «Ich muss mein Wort finden»-Mission und pflegen Sie nicht eine Selbst-Beschäftigung, indem Sie andauernd nach «Ihrem» Wort suchen. Das Wort an sich ist nicht wichtig! Darum gibt es in der Regel auch keinen Grund, das Wort jemand Anderem mitzuteilen. Falls Sie keines finden: «Umi» klappt auch wunderbar.

Jedes Mal, wenn Sie sich ertappen, dass Sie aus der Beziehung abschweifen, kommen Sie also sanft zurück. Sanft bedeutet, ohne weitere Ablenkungen in Form von Urteilen, Meinungen, Ansichten, ja selbst Einsichten und Erleuchtungen. Sprechen Sie innerlich Ihr Wort, damit Sie sich wieder ausrichten und in der Beziehung einrichten. Am Anfang sprechen Sie das Wort vielleicht sehr oft. Trotzdem ist es kein Mantra.

Umi ist übrigens auch ein Wort, das an sich keine besondere Bedeutung hat. Ich wollte einfach einen kurzen Namen, denn ich musste diese Form der gegenstandslosen Kontemplation irgendwie benennen.

Trotzdem, wenn man Umi googelt, findet man neben einem chinesischen Elektronikkonzern auch ein «Urban Modeling Interface», ein Interface zum Designen von Umgebungen. Wir finden weiter heraus, dass Umi auf Arabisch «Mutter» bedeutet. Es gibt ein Lied, «Umi says» von Mos Def, in welchem es heißt: «My Umi said shine your light on the world, shine your light for the world to see», meine Mutter sagte, sei ein Licht für die Welt.

Umi bedeutet im Urban Dictionary nach dem Beitrag von Nohappienesswithoutcqre auch «eine junge, wunderschöne Frau. Sie ist gewöhnlich etwas laut, aber nicht zu laut. Sie ist der Mittelpunkt jeder Party. Manchmal macht sie Fehler, aber sie lernt immer daraus. Sie hat einen Effekt auf das Leben derer, die um sie herum sind. Entweder liebt man eine Umi, oder man hasst sie.»

Auf Japanisch bedeutet Umi «Ozean». Damit ist, lasse ich mir sagen, auch seine Schönheit, Kraft und Gelassenheit gemeint. Irgendwo habe ich einmal aufgelesen, dass Umi auf Japanisch aber auch eine kleine Person bezeichnen soll. Interessant wäre, herauszufinden, wie es dazu kommt, dass ein Wort die Bedeutung Ozean und kleine Person unter einen Hut bringt.

Nicht zuletzt ist es eine Abkürzung für «untreated mental illness», eine nicht behandelte Krankheit des Geistes.

Das ist doch eine schöne Auswahl, die wir da haben.

Hilfsmittel

Hilfsmittel sind gefährlich, denn man neigt dazu, ihnen anzuhaften. »Ich kann nur mit meinem Hilfsmittel Umi praktizieren.« Trotzdem: Ein geeignetes Hilfsmittel kann eine Mala/Gebetskette sein. Jedes Mal, wenn Sie

Ihr Wort sprechen, bewegen Sie eine Gebetsperle zwischen Ihren Fingern weiter. Umi ist ohnehin eine Praxis des Verkörperns. So wird es zur Bewegungspraxis. Dies ist jedoch absolut optional.

Zeit und Ort

In der Regel muss man sich Zeit nehmen. Wir sind genug eingespannt und haben eine unendliche Auswahl an Dingen, mit denen wir uns unsere Zeit vertreiben können (und die uns vorgaukeln, wir seien vernetzt). Wie heißt es so schön aber hart: «Wenn es dir wichtig ist, findest du einen Weg. Wenn es dir nicht wichtig ist, findest du eine Ausrede.»
Optimal sind 20 Minuten des In-Beziehung-Sitzens. Dazu zwei Minuten Einstimmung, drei Minuten Ausklang und Übergang, machen zusammen 25 Minuten. Auch optimal wären 25 Minuten am Morgen und 25 Mi-

nuten am Abend. Wenn Ihnen nur einmal 25 Minuten pro Tag möglich sind, dann ist es so.

Wenn Sie diese Zeiten ausdehnen möchten, seien Sie Ihr Gast. Legen Sie die Zeit aber im Vornherein fest und halten Sie sich daran.

An Ihr Wort können Sie durch den Tag immer wieder erinnern.

Es gibt viele Meditations-Timer, die Ihnen auf sanfte Art sagen, wann Ihre Zeit um ist. Schalten Sie bei Multifunktions-Geräten, die auch noch anderes als timern können, die weltweite Vernetzung aus.

Oder blicken Sie einfach ab und zu auf die Uhr.

Sie können auch die Musik verwenden (Musik im weitesten Sinn, eher sanft ausgekleidete Stille), die ich in schönen 20-Minuten-Häppchen dafür komponiert (komponiert im weitesten Sinn) habe. Achten Sie auch hier darauf, dass die Musik nicht zum Meditations-Objekt wird. Die Stille schafft den Raum. Wie diese Musik zu Ihnen kommt, erzählt Ihnen der Anhang.

Der Ort Ihrer Praxis soll so ruhig wie möglich sein. Verlieren Sie auch hier nicht zu viel Zeit damit, ihn einzurichten und sich Accessoires zu kaufen, die Ihrer gegenstandslosen Kontemplation den richtigen Rahmen geben sollen. Das sind Nebensächlichkeiten, die Sie nicht von der Praxis abhalten müssen.

Einstimmung

Die Einstimmung bietet sich an, drängt sich aber nicht auf. Wenn Sie sich einstimmen möchten, tun Sie es. Wenn Sie nicht möchten, tun Sie es nicht. Wichtig ist einfach, dass Sie einen Übergang zu Umi bewusst vollziehen.

Sie können sich auf viele Weisen einstimmen. Machen Sie daraus keinen Jahrmarkt, der Sie vom Eigentlichen ablenkt oder abhält. Die Einstimmung soll bereit liegen, damit Sie sogleich beginnen können. Die Einstimmung

kann ein Gedicht sein, ein Gebet, ein Wort, ein Lied (gesungen oder gehört), die Betrachtung eines Bildes, die Lektüre eines stimmigen Textes oder Textauszugs, das Wahrnehmen des Atems. Sie können sich einen Ort vergegenwärtigen, an welchem Sie sich wohl fühlen, oder einen Menschen, den Sie lieben.
Finden Sie das, was Sie anspricht, und lassen Sie sich ein. Am Ende dieses Büchleins finden Sie ein paar Vorschläge.
Die Einstimmung ist abzugrenzen vom eigentlichen Sitzen, denn sonst wird die Einstimmung zum Meditations-Objekt.

Ausklang und Übergang

Sind die zwanzig Minuten vorbei, beenden Sie die Sitzung. Es empfiehlt sich, sich an das Timing zu halten. Selbst wenn Sie empfindend im siebten Himmel schweben, beenden Sie die Sitzung. Selbst wenn Sie schon nach zwei Minuten sich zu Tode ärgern oder langweilen, beenden Sie die Sitzung nach 20 Minuten. Vielleicht stellen Sie erst jetzt fest, dass Sie die letzten zwanzig Minuten damit verbracht haben, sich den kommenden Tag auszumalen. Trotzdem beenden Sie die Sitzung. Vielleicht sind Sie in tiefe zweisame Stille versunken. Trotzdem. Vielleicht hat sich Ihr Meditationskissen schon fast in Ihren Tränen aufgelöst. Nach 20 Minuten. Schaffen Sie einen Ausklang und Übergang, indem Sie sich sanft bewegen und wieder auf die Außenwelt ausrichten.

Falls Sie mit Weggefährten und Weggefährtinnen sitzen, bereden Sie die Sache nicht. Manchmal mag ein offener Dialog sinnvoll sein, um Erfahrenes zu differenzieren und zu integrieren. Nie geht es dabei um Meinungen und Urteile. Teilen Sie einfach das Erlebte. Solche Dialoge sollten nicht nach jeder Session abgehalten werden, sondern in einem fixierten Abstand, etwa jedes siebte Mal, oder bei akutem Bedarf.

Umi als Einstieg oder Ausklang

Umi eignet sich auch ganz wunderbar als Einstieg oder Ausklang (oder beides) in eine/einer Bewegungs-Praxis wie Yoga, Qigong, Taiji, von Kampfkunst-Praxis oder einer Therapie-Form wie Shiatsu. Kombinieren lassen sich diese Methoden und Umi nicht direkt. Selbst wenn Sie die Methoden kontemplativ praktizieren, sind sie nicht gegenstandslos, denn sie kultivieren Körper und Geist, der dichteste Gegenstand ist dabei der Körper, der undichteste der Geist. Im Yoga ist es zudem enorm wichtig, Grenzen wahrzunehmen und ernst zu nehmen, um sich nicht zu verletzen. Sie können Umi vor einer Partner-Praxis machen, wenn Sie sich kurz einstimmen. So öffnen Sie den Begegnungsraum.

Die Seins-Qualität, die Sie durch Umi entwickeln, wird

auch in diese Praktiken einfließen, so wie sie ins Leben einfließt. Diese grundlegende Verschiebung im Modus Operandi verändert alles, auch Ihre Grundhaltung in den anderen Praktiken.
Auch andersrum geht prima, weil man kann ja nicht immer nur sitzen: Bewegen Sie sich zuerst, dann Umi, dann vielleicht nochmals Bewegung. Wunderbar.

2. Sitzen

Setzen: Sich in Beziehung setzen

Sie setzen sich nicht einfach hin. Umi beginnt nicht, wenn Sie sitzen, sondern vor dem Absitzen!
Sie setzen sich in Beziehung. Das Hinsetzen ist also nicht ein Hinsetzen, und dann beginnt die Meditation. Umi beginnt mit dem Sich-Setzen und Sich-Einrichten. Es ist ein Akt, eine Geste, die besagt:

«Ich setze mich in Beziehung, indem ich mich der Möglichkeit öffne, dass ich Beziehung bin».
Halten Sie den Satz oder einen der Alternativ-Sätze, für welchen Sie sich in der Vorbereitung entscheiden haben, im Sich-Setzen präsent. Nur im Sich-Setzen, nicht während des Sitzens, sonst haben wir wieder ein Meditations-Objekt.

Stimmen Sie sich ein, so wie Sie die Einstimmung vorbereitet haben. Nach der Einstimmung schließen Sie die Augen.

Wenn Sie sich nicht einstimmen, gehen Sie nahtlos zum nächsten Schritt über.

In Beziehung sitzen

Machen Sie keinen Unterbruch zwischen dem Sich-Einrichten und dem Sitzen.

Früher oder später, meistens innerhalb der ersten Mikro-Sekunden, wird eine Selbst-Beschäftigung beginnen. Sobald Sie eine Selbst-Beschäftigung – einen Rückzug ins Selbst – bemerken, sprechen Sie innerlich Ihr Wort und kommen Sie so sanft zurück ins Sitzen in Beziehung.

Sanft ist die Abkürzung für:

- *Nähren Sie kein Objekt* (Gedanken, den Atem, ein starkes Empfinden, Rastlosigkeit, innere Zustände)
- *Reagieren Sie auf kein Objekt* (und nicht auf eine Reaktion, wenn Sie eine finden)
- *Unterdrücken Sie kein Objekt* (was eine Reaktion wäre)

Empfinden Sie, ohne sich auf das Empfinden zu konzentrieren.

Ausklang und Übergang

Die zwanzig Minuten sind vorüber.
Sitzen Sie noch ein wenig, oder bewegen Sie sich sanft, so, wie Sie es brauchen. Richten Sie sich aus, dass nun der ganz normale Alltag weitergeht.

Und dann betreten Sie ihn.

Teil III

Einstimmungen

Folgend finden Sie einige ganz subjektiv ausgewählte Vorschläge zur Einstimmung, falls Sie sich einstimmen möchten.

Machen Sie auch die Suche nach einer stimmigen Einstimmung nicht zu einer Selbst-Beschäftigung und das Gedicht/Gebet nicht zum Objekt.

Die folgenden Vorschläge werden Sie auf die Spur Ihrer eigenen Einstimmung führen.

Ich würde gerne leben
wie ein Fluss fließt
getragen von der Überraschung
seines eigenen Werdens

– John O'Donohue

Sei willkommen
denn du wurdest bereits empfangen

brich mein Herz auf
und fülle es mit Fragen
auf die es nur die Antwort des Lebens gibt

– *Martin Schmid*

Ich liebe meine irdischen Freunde
als Gefährten der Ewigkeit.

– Mechthild von Magdeburg

Die Glocke hat den Tag hinausgeläutet
der Duft der Blüten
klingt noch nach

– Basho

Oh du Ozean
selbst in dir
träume ich von dir

– Martin Schmid

Das spirituelle Leben endet nicht im Einswerden mit dem Absoluten. Vielmehr beginnt es da.

– Beatrice Bruteau

Du
atmest mich ein
und ich kann loslassen

du
atmest mich aus
und ich kann weitergehen

– Martin Schmid

Wenn jeder hier in diesem Raum die Standpunkte aller in der Schwebe hält, tun wir alle dasselbe. Alle betrachten gemeinsam alle Standpunkte. Der Inhalt unseres Bewusstseins ist im Wesentlichen gleich. Dementsprechend wird eine andere Art des Bewusstseins in der Gruppe möglich, ein *partizipierendes Bewusstsein.*

— *David Bohm*

Bereits im Mutterleib wusste etwas in uns, dass wir der Zugehörigkeit entgegen wuchsen. Der Hunger nach Zugehörigkeit ist nicht lediglich der Wunsch, irgendwo »dazuzugehören«. Er ist vielmehr die Ahnung, dass wahres, geborgenes Zugehören grundlegende Veränderungen und Entdeckungen ermöglicht. Zugehörigkeit ist ein Aufruf zu Ganzheit und Kreativität.

–John O'Donohue

Hoffnung ist die Fähigkeit, mit den kleinen, feinen, stillen Dingen in Beziehung zu treten. An den Anfängen teilzuhaben. Hoffen bedeutet so fest auf dem Boden zu stehen, dass wir die wachsenden Samen in der Erde mit unseren bloßen Füßen spüren.
Hoffnung ist das Aufleuchten des ersten Sterns am Abend, bevor die Nacht unendlich viele Sterne offenbart.
Die Hoffnung ist das Element des Menschen. In ihr bewegt er sich. Sie ist es, die ihn bewegt.
Vertraue darauf, dass die Hoffnung dich nie verliert, so wie das Wasser den Fisch immer umgibt und die Luft den Vogel nicht fallen lässt.

– Lucas Martainn (Pionéa – Loop)

When I am down, and, oh, my soul, so weary
When troubles come, and my heart burdened be
Then, I am still and wait here in the silence
Until you come and sit awhile with me

Wenn es mir nicht gut geht
und meine Seele sich erschöpft anfühlt
Wenn Schwierigkeiten auf mich zukommen
und mein Herz schwer ist
Dann verweile ich in der Stille
Bis du kommst und ein wenig mit mir sitzt

– *You Raise Me Up, Lied von Westlife*

Friedensgebet

O Herr
mach mich zu einem Werkzeug deines Friedens
dass ich, wo man hasst, liebe
dass ich, wo man beleidigt, verzeihe
dass ich, wo Streit ist, verbinde
dass ich, wo der Irrtum herrscht, die Wahrheit sage
dass ich, wo der Zweifel drückt, den Glauben bringe
dass ich, wo Verzweiflung quält, die Hoffnung wecke
dass ich, wo die Finsternis regiert, Licht entzünde
dass ich, wo der Kummer wohnt, Freude bringe.

Herr, ich will nicht suchen,
dass ich getröstet werde, sondern dass ich tröste;
nicht, dass ich verstanden werde, sondern dass ich verstehe;
nicht, dass ich geliebt werde, sondern dass ich liebe.

Denn im Geben empfangen wir,
im Vergessen finden wir,
im Verzeihen wird uns verziehen
und im Sterben erwachen wir zum ewigen Leben.

– Francesco von Assisi

Anhang

Literatur zur Einstimmung

Die hier vorgestellten Einführungen sind aus:
John O'Donohue: *Echo der Seele*
David Bohm: *Der Dialog*
Lucas Martainn: *Pionéa – Loop*

Musik - sanft ausgekleidete Stille

Martin Schmid, ***Umi***
Martin Schmid, ***Mocean***
Als Download überall erhältlich.

Umi-Kontemplations-LeiterIn

Die Ausbildung rüstet Sie für alle Fälle, macht Sie zum Dialog-Partner, befähigt Sie, Umi selbst anzubieten und vertieft Ihre eigene Praxis enorm.
Weitere Infos im Internet auf *integralmovement.info*

Martin Schmid

Martin Schmid ist seit 1988 unterwegs mit Wegen des Taiji und Qigong und der Kampfkunst, später mit Yoga, und unterrichtet seit 1997. Er hat verschiedene Formen der Kontemplation und Meditation studiert. Er hat einen Master (MAS) in spiritueller Theologie und hat lange in der Jugendseelsorge gearbeitet.

Martin ist Autor von Sachbüchern zu den Bewegungs-Wegen und ein Poet. Manchmal verbindet er die beiden Aspekte auch. Er komponiert die Musik zu seinen Kursen selber, so auch zu Umi. Dieses hat sich durch eigenes intensives Suchen heraus kristallisiert. Erst eine persönliche Praxis im Verborgenen, hat es sich als so kraft- und wertvoll gezeigt, dass Martin nach vielen Jahren damit nun an die Öffentlichkeit tritt.

Wenn Sie das Büchlein anspricht, hinterlassen Sie bitte eine positive Bewertung. **Herzlichen Dank!**